LA NATIVITE

Julie Vivas d'après la Bible

casterman

Sous le règne du roi Hérode, l'ange Gabriel fut envoyé
par Dieu dans une ville appelée Nazareth
pour y rencontrer une jeune femme du nom de Marie.
Celle-ci était fiancée à Joseph, un menuisier de la ville.

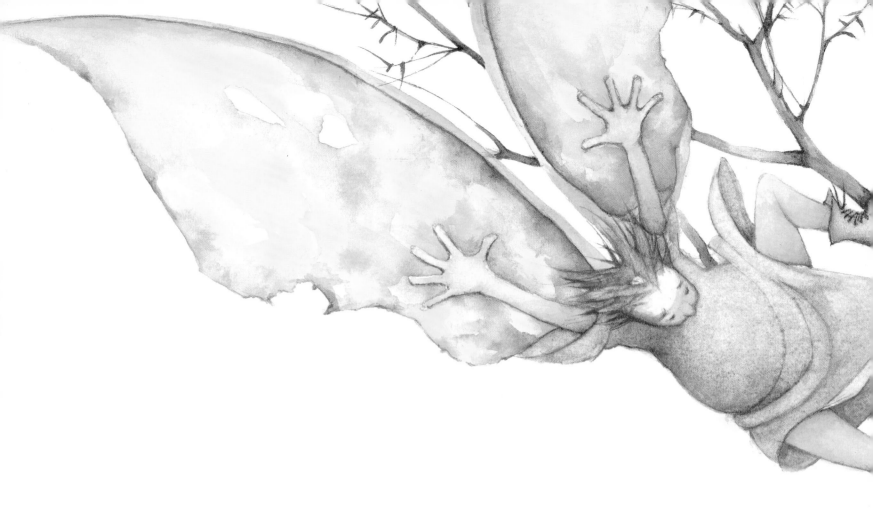

L'ange lui dit:
– Je te salue Marie, le Seigneur est avec toi,
tu es bénie entre toutes les femmes.
A ces mots, Marie fut troublée.

L'ange dit:
– Rassure-toi, Marie, car tu as trouvé grâce
auprès de Dieu.
Voici que tu concevras et enfanteras un fils.
Tu lui donneras le nom de Jésus.
– Mais comment cela sera-t-il possible?
Je ne suis pas mariée…
– L'Esprit Saint viendra sur toi, la puissance
du Très-Haut te couvrira; c'est pourquoi l'enfant
sera saint.

Joseph eut du mal à comprendre
ce que Marie lui annonça, mais il l'accepta.

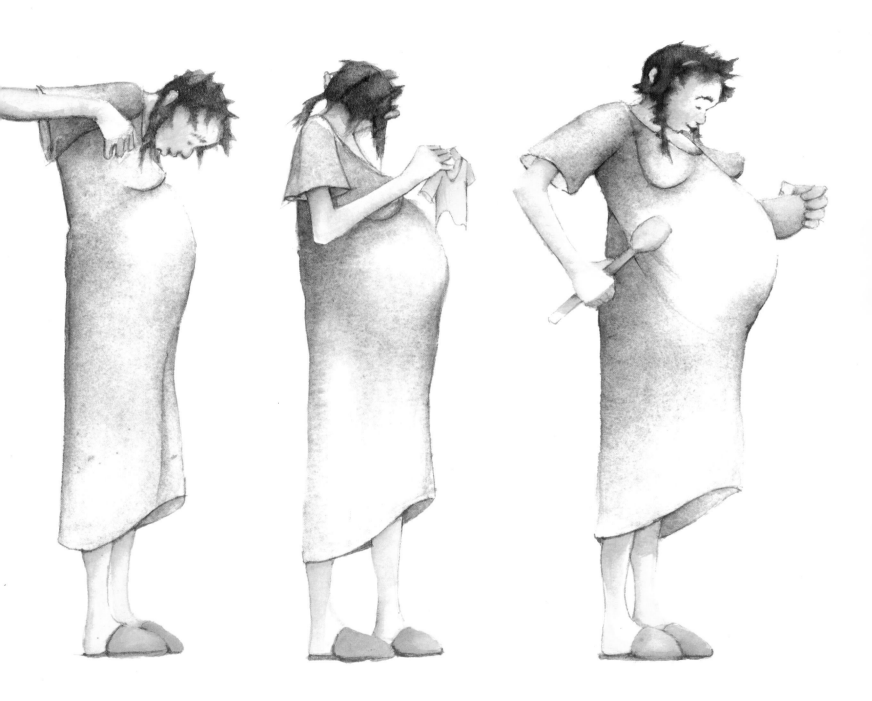

Or, en ces jours-là, parut un édit
de l'empereur César Auguste, ordonnant
le recensement de toute la terre: chacun devait
se rendre dans la ville d'origine de sa famille.

Joseph quitta donc Nazareth et monta à Bethléem
afin de s'y faire inscrire avec Marie qui était enceinte.

Pendant qu'ils étaient là, arriva l'heure de la naissance.

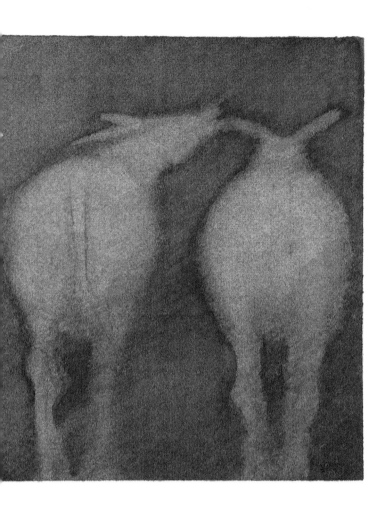

Marie mit au monde son fils premier-né.

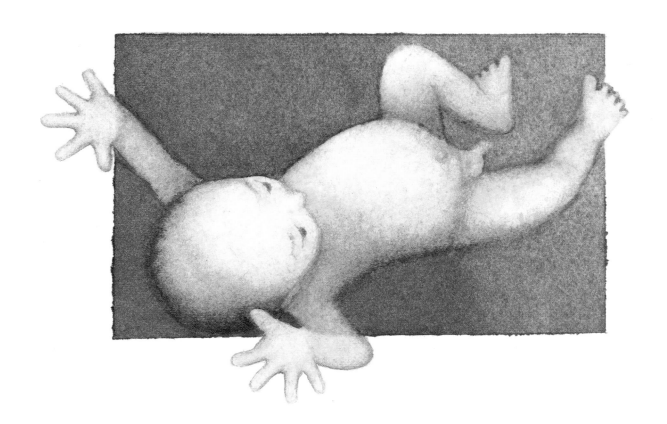

Elle l'habilla et le coucha dans une crèche
parce qu'il n'y avait pas de place pour eux à l'auberge.

Il y avait dans cette région des bergers qui vivaient
aux champs et qui, la nuit, veillaient à la garde
de leur troupeau.

L'ange du Seigneur leur apparut
et la gloire du Seigneur les enveloppa de sa clarté.
Ils furent saisis d'une grande frayeur.

Et l'ange dit:
– Rassurez-vous car voici que je vous annonce
une grande joie. Aujourd'hui dans la cité du roi David,
un sauveur vous est né qui est le Christ, Seigneur.
Et ceci vous servira de signe: vous trouverez le bébé
enveloppé, couché dans une crèche.

Et soudain une multitude d'anges apparurent,
louant Dieu.

Et lorsque les anges les eurent quittés pour le ciel,
les bergers se dirent entre eux:
– Allons à Bethléem voir ce qui est arrivé.

Ils partirent donc en hâte et trouvèrent Marie, Joseph
et le bébé couché dans la crèche.

Voici que des mages venus d'Orient se présentèrent
à Jérusalem et demandèrent:
– Où est le roi des Juifs qui vient de naître?
Nous avons vu son astre se lever
et nous venons lui rendre hommage.

Alors l'astre qu'ils avaient vu à son lever,
les devança jusqu'à ce qu'il vînt s'arrêter au-dessus
de l'endroit où était l'enfant.

Entrant dans le logis, ils virent l'enfant avec Marie,
sa mère. Tombant à genoux, ils se prosternèrent
devant lui. Puis ouvrant leurs cassettes, ils lui offrirent
en présent de l'or, de l'encens et de la myrrhe.

Les mages repartirent ensuite dans leur pays
ainsi que les bergers, glorifiant et priant Dieu
pour toutes les choses qu'ils avaient entendues ou vues.

Et l'enfant fut appelé Jésus,
comme l'ange l'avait annoncé.

Titre de l'édition originale : *The nativity*.
© Julie Vivas.
First published by Omnibus Books, Australia, 1986.
ISBN 0 949641 69 3.
© Casterman 1988. Extrait de la Bible.
ISBN 2-203-10938-6.

Imprimé en Belgique par Casterman, s.a., Tournai.
Dépôt légal : octobre 1988 ; D. 1988/0053/156.
Déposé au Ministère de la Justice, Paris (loi n° 49.956 du 16 juillet 1949
sur les publications destinées à la jeunesse).

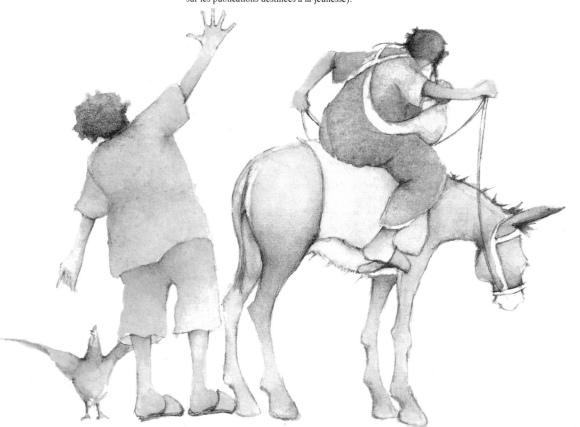